Lb 2830.

DE
LA DÉMOCRATIE

EN FRANCE,

ET DE LA RÉFORME ÉLECTORALE;

par T. Taillefer,

D. M. P.

PÉRIGUEUX,

IMPRIMERIE DUPONT, RUE TAILLEFER.

—

1839.

DE

LA DÉMOCRATIE

EN FRANCE,

ET DE LA RÉFORME ÉLECTORALE.

Indépendance, intelligence.

La réforme électorale est à l'ordre du jour. Pour les uns, c'est un mot à exploiter, j'en conviens; mais pour les autres, c'est une chose à réaliser; car en dehors de la tactique des partis, la réforme renferme une question d'ordre et de progrès pour la France, de vérité dans la représentation nationale, et de sécurité pour la dynastie.

La pétition de la garde nationale renferme à peu près le suffrage universel. Pour un parti, ce mot est un objet d'effroi, une véritable tête de Méduse; pour un au-

tre, une terre promise sur laquelle ne mûrissent que
des fruits dorés. Au fond, le suffrage universel ne mé-
rite ni tout le bien ni tout le mal qu'on en dit. La
démocratie absolue a des vices inhérens à sa nature,
comme l'aristocratie a les siens. Rien ici bas n'est complètement bien ; et dans les questions électorales, le législateur de bonne foi poursuit en vain la perfectibilité,
qui semble fuir, hélas ! d'une fuite éternelle. Ce n'est
pas sa faute, mais celle de l'homme, qui gâte dans
l'application les théories les plus belles comme les plus
rationnelles ; et très souvent, en pareille matière, les
partis, après les plus profondes méditations, ne font
autre chose qu'inventer l'arme avec laquelle on les tue.
Cela doit être ; car l'opinion, cette reine du monde, est
une mer qui s'émeut et s'agite à tous les vents, et très
souvent son reflux emporte celui que son flux a porté.
Le vote universel, ai-je avancé, ne vaut ni tout le bien ni
tout le mal qu'on en dit. Dans les momens de crise, le
doigt de la multitude se dirige avec instinct et bonheur
vers l'homme dont le génie promet le salut public. Le
peuple désigna Napoléon en France, Washington dans
l'Amérique du nord, Bolivar dans l'Amérique du sud.
Dans les révolutions, le choix des masses correspond
parfaitement aux besoins du moment. Cela se conçoit ;
car une révolution est le résultat du concours des efforts et des sentimens du très grand nombre. Le jour
de la crise, le peuple traduit ses sentimens et ses intérêts en coups de fusil. Le lendemain, il les traduit en

bulletins; et dans la bataille comme dans le scrutin, la même force prédomine. De plus, bien des expériences ont prouvé que les nations ont des momens de fièvre qui épurent jusqu'aux plus basses organisations, et pendant lesquels le beau et le sublime ont seuls le droit de se produire. Le peuple prit d'assaut les Tuileries au 29 juillet; il fut maître souverain de ce palais plein d'or et de richesses, et l'or et les richesses ne le tentèrent pas. J'en conclus qu'après une grande révolution on peut avec justice et sans danger appeler le peuple au scrutin; car au scrutin comme dans la bataille, il prêtera un concours loyal et désintéressé. Mais en temps de calme, la question change. Acteur puissant pendant la crise, donnant sa vie avec vigueur et dévouement sous l'influence d'un intérêt ou d'un sentiment méconnu, il n'est bientôt qu'un instrument entre les mains de tous les partis.

Le peuple a des instincts politiques, mais non une connaissance complète des besoins moraux et matériels d'un pays. Obligé, par l'absence d'une grande instruction, de s'arrêter à l'enveloppe des choses et des hommes, le peuple est souvent victime des théories creuses et des charlatans politiques; il s'enthousiasme facilement, se désenchante de même; aussi le voit-on fluctuer à courte date d'un homme et d'une chose à un homme et une chose opposés. La démocratie n'est pas douée d'une grande ténacité d'efforts dirigée vers le même but : elle triomphe par un élan brusque et instantané, et se laisse reprendre une à une toutes ses conquêtes. Le peuple sent, mais raisonne peu; l'aristocratie sent et raisonne. Ses passions et ses intérêts font partie de l'héritage de ses enfans. L'aristocratie peut, du reste, supporter patiemment les longues crises; car les sacrifices qu'imposent les révolutions, elle les impute sur le superflu, et le peuple sur son nécessaire. De là naît une seconde et puissante cause de ténacité dans l'aristocratie, et de mobilité dans la démocratie. Aucune classe de la société n'a sans doute le privilége exclusif de la vertu, et bien des hommes publics sortis du sein du peuple ont eu une grande pureté; d'autres en ont manqué et ont abusé de leur position en parvenus. Mais il est vrai qu'à la moindre déviation, et sur les plus légères apparences, les hommes du peuple ont été accusés. Cela tient à deux causes : l'homme de la démocratie n'apporte pas dans ses vices ce vernis qui les déguise, et dont l'homme de l'aristocratie couvre les siens. Vice et vertu ont quelque chose de plus rude, de plus tranché dans le premier. Enfin, le peuple est le premier à crier haro lorsque quelqu'un des siens l'éclabousse.

L'égalité est la passion dominante du peuple, qui la préfère aux droits politiques complets. L'égalité est une belle chose! Elle élève le faible et le petit à la taille du grand et du fort; mais aussi presque toujours les faibles et les petits sont impatiens de tout ce qui s'élève au-dessus de leur niveau, et cherchent à ramener en bas tout ce qui les dépasse (1).

On peut espérer beaucoup de l'instruction que le peuple peut recevoir, cela est vrai. Celui des villes a déjà quelque instruction ; mais celui des campagnes en a peu. Or, la population des villes et celle des campagnes se trouvent dans la proportion de un à quatre. On aura beau faire, quatre boules d'ignorans pèseront toujours plus dans une urne que la boule d'un homme d'état. L'éducation peut corriger cela ; mais l'éducation ne se décrète pas : attendons qu'elle existe. On pourra, je l'espère, amener les masses à un certain degré d'instruction ; mais il me paraît impossible de concevoir tout un peuple complètement instruit. Le besoin de gagner sa vie, de prendre un métier, une profession, doit nécessairement limiter le temps qu'on peut employer à s'instruire. Une éducation complète exige les loisirs et les ressources que donne la fortune. Il me semble donc que pour supposer tous les membres d'une société très instruits, il faudrait les supposer tous riches, ce qui est impossible.

L'on peut compter sur l'éducation pour appeler graduellement le peuple aux droits politiques ; mais il est

____

(1) Dans les Etats-Unis, pays de démocratie pure, les hommes les plus médiocres peuplent la chambre des représentans, qui émane directement du suffrage universel. Le sénat, au contraire, nommé par les législatures de tous les états, renferme des hommes capables d'honorer les assemblées de France et d'Angleterre. D'où vient cela? Les petites passions du peuple semblent s'épurer en passant par deux degrés d'élection.

une chose sur laquelle je compterais autant, et dont la législation ne s'occupe pas : c'est la tendance des lois à créer des mœurs communales. La commune existe en France ; mais l'intelligence, l'amour des intérêts de la commune, n'existent pas. Sans que l'administration perdît rien de sa centralisation, il serait dès aujourd'hui possible d'abandonner aux citoyens, et d'une manière absolue, certains intérêts communaux, afin qu'ils pussent partir de là pour s'élever à l'intelligence de plus grands intérêts.

En France, avons-nous besoin de réparer nos chemins, notre *maison commune*, notre église? Nous tournons les regards vers une providence lointaine appelée gouvernement, administration, sans trop songer que cette providence, toujours lente dans son secours, ne dispose que de notre travail et de nos deniers. Nous pourrions en disposer avec autant d'intelligence que l'administrateur le plus intelligent, et avec toute l'activité que donne l'urgence des besoins personnels. La loi actuelle n'associe les habitans d'une commune aux intérêts communaux que d'une manière fort indirecte. Elle substitue ainsi l'insouciance de l'usufruitier à l'esprit vigilant du propriétaire. Un tel système fait des administrés, mais non des citoyens. Il habitue les premiers à croire qu'un ange tutélaire fera tout pour eux et sans eux ; il empêche les seconds de s'occuper eux-mêmes des affaires de la commune ; et toutes les fois qu'un peuple en est venu à croire que les affaires de la commune et de l'état ne font pas partie de ses propres affaires, ce peuple n'est fait ni pour le vote universel ni pour la liberté (1).

L'instruction unie à la gestion des affaires communales, voilà donc par quelle initiation doit passer le peuple avant d'arriver aux droits politiques complets. Aussi est-ce un devoir pour le législateur de donner aux lois la tendance que j'indique ; car si la démocratie est un élément nouveau avec lequel il faut vivre et marcher, le but des lois doit être de l'épurer, et d'en faire un élément d'ordre et non de destruction.

J'ai dit ce que je pensais de la démocratie pure ; j'ajoute maintenant que le vote universel ne me paraîtrait dangereux pour un gouvernement quelconque en France qu'autant que des électeurs censitaires seraient dangereux pour lui. Je vais plus loin : je pense que, dans l'état actuel des esprits et de la démocratie en France, le vote universel, loin de mettre la monarchie en péril, n'y mettrait peut-être pas le ministère. Après cet aveu, on se croirait en droit de me dire : Vous admettez donc le suffrage universel ? Non, et voici mes raisons : J'inscris sur mon drapeau de réforme *intelligence* et *indépendance*.

J'ai dit qu'en France la démocratie était encore igno-

____

(1) Voilà, du reste, la cause réelle de la prospérité de la démocratie pure aux États-Unis : La commune y était fortement organisée quand la révolution éclata ; et de l'entente des intérêts communaux, le peuple passa avec une facilité merveilleuse à celle des intérêts de l'état.

rante : l'intelligence des intérêts publics lui manque donc. Quand on s'occupe d'une chose qu'on ne comprend pas, on substitue nécessairement l'intelligence d'autrui à la sienne propre. Ce n'est pas tout. Si l'on peut être dépendant par ignorance, on peut encore l'être par intérêt. Dans le premier cas, l'ignorant dépend de l'intelligent; dans le second, le pauvre dépend du riche. L'un et l'autre ne sont qu'un instrument dans les deux cas. Pour mieux expliquer ma pensée, je suppose dans un arrondisement une élection *où tous seront appelés*. L'homme de la légitimité, celui du juste-milieu, celui de l'opposition, celui de la république, arriveront chacun au rendez-vous avec leurs électeurs-automates. Les bataillons seront plus gros; mais en réalité les chefs seuls se seront livré bataille sous des noms empruntés. Le résultat sera le même, le tout se réduisant à une règle de proportion entre les chefs influens; c'est-à-dire à peu près les censitaires d'aujourd'hui. Mais dans cette lutte, qu'on nomme chez nous la lutte de l'intelligence et des lumières, les ignorans et les aveugles auront joué le premier rôle. La force leur appartenait s'ils avaient su ou voulu s'en servir. Et certes, dans l'hypothèse que j'émets, si la balance devait pencher (en temps calme) du côté de l'une des opinions qui divisent la France, elle pencherait du côté des légitimistes; car dans ce parti existe une supériorité relative de fortune, instrument d'influence sur les masses; dans ce parti existe la permanence de l'intérêt et de la passion politique ; pour ce parti existe l'influence du clergé. Voilà ce que cherchent, sans y prendre garde, beaucoup de démocrates absolus qui, pour l'unique plaisir de pousser jusqu'à la rigueur mathématique la conséquence d'un principe, s'exposent à ne prendre pour guides que des aveugles, et à mettre l'intelligence à la remorque de l'ignorance et du charlatanisme politique.

Pour qu'on ne m'accuse pas de bâtir des théories en l'air, j'appuie ces idées de quelques faits historiques. En 92, les masses firent des choix en harmonie avec les intérêts et les passions de l'époque. Ces intérêts étaient ceux de la bourgeoisie. En l'an 3, les républicains furent victimes de la loi d'élection faite par eux. Des choix nombreux de royalistes eurent lieu et nécessitèrent un coup d'état. Il y avait eu réaction dans la bourgeoisie ; celle-ci avait réagi sur les masses. En 1816, M. de Villèle, témoin de l'élan royaliste du midi, demandait un cens à 50 fr. M. de Corbière allait plus loin, il le voulait à 25 fr. Plus tard, ces deux hommes se convertirent complètement aux électeurs de grand collége. Plus tard encore, les députés de grand collége, nommés par des électeurs à 1,000 fr. ; les députés d'arrondissement, nommés par des électeurs à 300 fr., donnèrent les 221 qui ont formulé les premiers le principe du gouvernement du pays par le pays. En 1831, M. Mauguin trouvait qu'avec un cens à 200 fr. le peuple français était le plus libre de tous les

⁎⁎

peuples. J'insiste sur tous ces faits pour prouver que dans la réforme électorale il y a autre chose qu'une question de cens, et que l'homme n'est pas un chiffre que l'on plie à un résultat mathématique.

La pétition de la garde nationale amène naturellement à cette question : L'élection serait-elle directe ou à deux degrés? L'opinion radicale fonderait de grandes espérances sur la première. C'est une erreur de publicistes qui jugent la France d'après Paris. J'ai déjà expliqué comment le vote universel direct serait un mensonge : à deux degrés, il le serait encore; car un mandataire ne saurait représenter les principes de ceux qui n'en ont pas. Les démocrates purs se trompent donc. Qu'ils songent à ce chiffe formidable que j'ai posé en commençant : La population des villes est à celle des campagnes comme 1 est à 4.

Il est impossible de traiter une question électorale sans s'occuper de l'aristocratie et de ses forces; car nous sommes en France entre l'aristocratie qui s'en va et la démocratie qui arrive. La première a fait son temps, et souvent avec gloire; car long-temps elle eut en France le monopole de la gloire. Mais depuis quarante ans elle est devenue fort roturière : c'est déjà une profonde atteinte portée au corps aristocratique. Depuis 89, les deux partis se sont fait une rude guerre, soit par les armes, soit par les lois. Mais l'aristocratie a un ennemi redoutable qui la décime dans le silence, et dont la poursuite impitoyable ne s'arrêtera qu'en face

du dernier noble. Cet ennemi, c'est la loi sur les suc-
cessions. Dans l'aristocratie, la famille et la terre sont
la même chose. La terre renferme les souvenirs de la
gloire et du pouvoir passés; elle témoigne de la gloire
et du pouvoir présens, en même temps qu'elle est un
mobile d'émulation pour les races futures. Avec nos
lois actuelles, ce grand levier social, divisé à l'infini
après quelques générations, aura perdu toute sa puissance, et ne comptera plus parmi les forces de la société. Quelques noms surnageront, débris glorieux qui
attesteront le passage brillant de l'aristocratie; mais la
masse des individualités qui forment le corps des no-
bles, qui n'ont ni une page ni une ligne dans l'his-
toire, qu'en restera-t-il quand la terre et le donjon
auront disparu? Rien. Une particule devant un nom ne
pourra plus faire un noble, et ne fera qu'allonger un
mot; innocente manie qui n'aura d'autre résultat que
de gêner ceux qui aiment le laconisme. Des souvenirs
très honorables pourront sans doute environner beaucoup de familles et faire d'un nom un lourd fardeau
pour leurs descendans; mais ces souvenirs ne pourront
avoir aucune signification aristocratique. Quelques im-
prudens voudront encore résister à des faits accomplis :
pour refaire le passé, ils chercheront à rallumer l'in-
cendie, pleins du trompeur espoir de le traverser à vol
d'aigle. Insensés! qui se brûleront les ailes et tomberont dans le foyer sans arriver au but. Le temps fera
raison de tout cela; car des souvenirs ne sont pas des

réalités, et l'ombre d'une chose n'en est pas le corps. Les plus sages se mêleront à la démocratie, et retremperont leurs noms dans les arts, les sciences, les lettres ou la guerre, et, nouveaux phénix, pourront ainsi renaître de leurs cendres.

Nous sommes, ai-je dit, entre l'aristocratie qui s'en va et la démocratie qui arrive; mais cette dernière ignore encore le secret de l'organisation de ses forces. Du reste, le connût-elle parfaitement, elle n'en serait pas moins obligée de laisser en arrière, dans la pratique, une portion de ses principes; car un peuple subit toujours plus ou moins dans ses institutions la réaction des gouvernemens qui l'entourent. Nous sommes en France à moitié route, et les nations qui nous environnent sont encore au point de départ : une halte est nécessaire pour les attendre. Lorsque nos voisins auront atteint le point où nous sommes, la démocratie pourra aller plus en avant et chercher d'autres combinaisons.

Il semblerait résulter de ce qui précède que je ne puis qu'être satisfait du système électoral qui nous régit. Je prie le lecteur de ne pas oublier les mots inscrits sur mon drapeau de réforme : *Intelligence, indépendance.* Et si j'ai donné à penser que les électeurs actuels me paraissaient la portion la plus intelligente de la nation, je n'ai pas dit qu'elle était la plus indépendante.

Le devoir et le droit d'un électeur est de formuler

deux choses dans une élection : le principe et l'intérêt général. Dans le système actuel, ces deux buts, les seuls légitimes, sans lesquels l'élection est un mal uni à un mensonge, n'existent pas et ne peuvent exister. Les arrondissemens ont des députés et ne devraient pas en avoir : la France seule doit avoir des députés, et non les arrondissemens. Les départemens ont des intérêts matériels à défendre, je le sais ; mais les départemens ont des conseillers, qui devraient être seuls chargés de cette défense. Le système d'arrondissement a l'incontestable désavantage de faire surgir les médiocrités, les coqs de village ; car on connaît l'amour du vin du crû : on l'aime quoiqu'il soit détestable. Dans l'arrondissement, les amitiés, les relations, la parenté, les intérêts, l'influence administrative, jouent un trop grand rôle. Il faut trouver l'homme politique, c'est le parent, l'ami, le patron, le fonctionnaire public qui se présentent. Tout cela altère, détruit le but de l'élection, qui est le principe et l'intérêt général. Ce n'est donc pas une élection, c'est une manifestation d'intérêts et de sentimens individuels ; c'est un mensonge. C'est le mot, ce n'est pas la chose. Je vais l'établir par des chiffres.

Voici le tableau des électeurs par groupes de départemens, avec le nombre des députés qu'ils nomment, la moyenne des électeurs par collége et la majorité de rigueur au premier tour de scrutin.

(Suit le Tableau.)

DÉPARTE-MENS.	NOMBRE des ÉLECTEURS.	NOMBRE des DÉPUTÉS.	MOYENNE des électeurs par collége.	MAJORITÉ de rigueur au 1.er tour de scrutin.
1 Département (Seine).	16,871	14	1,205	votes. 401
6 Départemens. (a)	30,680	52	590	196
10 Départemens. (b)	36,948	67	551	183
22 Départemens. (c)	53,847	119	452	150
16 Départemens. (d)	26,403	81	324	108
22 Départemens. (e)	27,303	99	275	91
9 Départemens. (f)	5,918	27	218	72
Total...	197,970	459	»	»

Ce tableau suffit pour établir que dans six départe-mens (je fais exception de celui de la Seine), 52 dé-

(a) Calvados, 4,458; Gironde, 4,693; Nord, 6,667; Rhône, 4,231; Seine-Inférieure, 5,599; Pas-de-Calais, 4,512.

(b) Somme, 3,971; Seine-et-Oise, 3,400; Saône-et-Loire, 3,243; Oise, 3,015; Manche, 3,568; Hérault, 3,609; Garonne, 3,183; Eure, 3,621; Bouches-du-Rhône, 3,167; Aisne, 3,169.

putés peuvent être chacun régulièrement nommés, au premier tour de scrutin, par 196 suffrages; dans dix, 67 députés par 183 suffrages; dans vingt-deux, 119 députés par 150 suffrages; dans seize, 81 députés par 108 suffrages; dans vingt-deux, 99 députés par 91 suffrages, et dans neuf, 27 députés par 72 suffrages.

Ce tableau met, en outre, à découvert une foule d'anomalies monstrueuses. Ainsi, l'on voit que 5,918 électeurs nomment 27 députés, et que 16,871 n'en nomment que 14. On voit aussi que 27,303 électeurs nomment 99 députés, et que 30,680 n'en fournissent que 52.

(c) Aude, 2,439; Charente-Inférieure, 2,903; Charente, 2,570; Côte-d'Or, 2,694; Dordogne, 2,601; Eure-et-Loire, 2,410; Gard, 2,720; Gers, 2,105; Ille-et-Vilaine, 2,128; Indre-et-Loire, 2,113; Isère, 2,731; Loire-Inférieure, 2,208; Loiret, 2,693; Lot-et-Garonne, 2,771; Maine-et-Loire, 2,744; Marne, 2,308; Puy-de-Dôme, 2,106; Sarthe, 2,345; Seine-et-Marne, 2,781; Tarn, 2,461; Tarn-et-Garonne, 2,123; Orne, 2,312.

(d) Allier, 1,617; Aveyron, 1,797; Côtes-du-Nord, 1,613; Finistère, 1,626; Indre, 1632; Loir-et-Cher, 1,570; Loire, 1,983; Mayenne, 1,716; Moselle, 1,721; Bas-Rhin, 1,762; Haut-Rhin, 1,596; Deux-Sèvres, 1,513; Var, 1763; Vienne, 1,799; Haute-Vienne, 1,666; Yonne, 1,845.

(e) Ain, 1,203; Ardèche, 1,037; Ardennes, 1,332; Aube, 1,450; Cantal, 1,306; Cher, 1,240; Corrèze, 1,084; Doubs, 1,211; Drôme, 1,385; Jura, 1,156; Landes, 1,143; Haute-Loire, 1,219; Lot, 1,366; Haute-Marne, 1,064; Meurthe, 1,219; Meuse, 1,186; Morbihan, 1,452; Nièvre, 1,369; Basses-Pyrénées, 1,106; Haute-Saône, 1,052; Vaucluse, 1,232; Vendée, 1,477.

(f) Vosges, 997; Basses-Pyrénées, 849; Hautes-Pyrénées, 545; Lozère, 712; Creuze, 760; Corse, 510; Ariége, 806; Hautes-Alpes, 527; Alpes-Orientales, 412.

Ce tableau montre encore que le quart des députés peut arriver à la chambre régulièrement nommé, au premier tour de scrutin, chacun par environ 80 suffrages, et très souvent avec beaucoup moins. Ces chiffres paraissent misérables quand on songe qu'ils peuvent influer sur les destinées de la France.

Eh bien, dans dix ans, plus de la moitié des colléges en seront arrivés là. Par le fait de la division des propriétés à titre successif, les cotes d'impôt foncier vont sans cesse diminuant. Cette diminution est d'un tiers tous les vingt-cinq ans, la moyenne des enfans en France étant de trois par famille. Ainsi, dans un laps de vingt-cinq ans, toutes les cotes d'impot de 200 fr. à 300 fr. tomberont successivement au-dessous du cens actuel; c'est-à-dire que plus de 120,000 électeurs auront disparu sans être remplacés (1). A cette cause d'épuisement du corps électoral on peut opposer la recomposition des grandes propriétés par l'achat des parcelles. Mais cette cause est même insuffisante pour balancer les nombreuses ventes à la parcelle que la nécessité impose aux propriétaires ou que la spéculation leur conseille. On peut donc avancer sans crainte que le corps électoral subit la perte de plus d'un vingt-cinquième par année; c'est-à-dire que d'une chambre élue

(1) Les électeurs à 200 fr. sont environ pour moitié sur les listes, et ceux de 300 fr. pour un quart.

à une chambre renouvelée 25,000 électeurs environ peuvent manquer sur les listes.

Qu'on entre dans le vrai, qu'on fasse la part dans tous ces petits colléges qui nomment la moitié des députés de la France, qu'on fasse la part, dis-je, de l'influence d'une grande fortune, des relations, de la parenté, de la clientèle, de l'administration, et que reste-t-il pour l'intérêt général et pour le principe dans une élection? Presque tout le monde a menti dans l'urne. L'opposition n'est pas sans doute partie de ce point de vue quand elle a réclamé la réélection des députés admis à des fonctions publiques; elle aurait vu qu'elle ne réclamait rien du tout pour la presque universalité du cas. En effet, lorsqu'un député arrive à la chambre par la voie que j'indique, il y aurait de quoi s'étonner si la fonction retranchait quelque chose du crédit de l'homme : qui peut le plus peut toujours le moins. Cette loi fut le résultat d'une immense naïveté d'une part et d'une grande *flouerie* politique de l'autre. C'est l'apparence de la garantie et non la garantie. Les électeurs ont là le billet de Ninon à La Châtre.

Il est de l'essence du gouvernement représentatif, non pas de produire la corruption, mais de la favoriser. Ce genre d'institutions permet à tous d'aspirer au pouvoir. Tous les ambitieux ne sont pas purs, et peuvent chercher dans la corruption les moyens d'arriver ou de se maintenir. On a peut-être un peu exagéré les reproches de ce genre; mais on peut dire à ce sujet ce qu'une femme d'esprit disait du grand nombre d'amans qu'on lui attribuait : « De ces choses-là, il ne « faut jamais croire que la moitié. » Parmi les chances de corruption, il faut aussi faire entrer la mobilité du caractère français, mobilité qui s'accroît en politique par les changemens successifs de tant de gouvernemens qui ont ébranlé les convictions et favorisé tant d'apostasies. Il faut aussi songer que tout est déclassé chez nous, tout étant au concours depuis quarante ans. Beaucoup de soldats sont devenus généraux, maréchaux, princes et rois. Je ne vois pas de mal à cela ; mais cette impulsion des classes inférieures et moyennes existe encore dans la génération actuelle, comme si le même résultat pouvait être facilement obtenu. Le laboureur donne à son fils une éducation de gentilhomme. L'éducation faite, le jeune homme se trouve le plus souvent entre deux impossibilités : celle de revenir à des habitudes perdues et celle d'avancer, de se classer selon l'éducation prise. Engagé dans une route sans issue, il s'agite, il accuse la société plutôt que de s'accuser lui-même, et rêve fortune dans un renversement. Chez les meilleures organisations, cette position mène à la révolte; chez les autres, à la soif des places, à la corruption : double malheur, double danger pour la société.

Lorsqu'un homme arrive à la chambre, il ressemble nécessairement un peu aux électeurs qui l'ont nommé;

et si, pour s'élever, il a marché dans la fange, il en garde l'empreinte à sa chaussure. La députation devient alors une commandite, dont les statuts portent : Tout électeur est actionnaire. Il s'établit un *va et vient* d'intrigues, de mauvaises passions, de mauvais sentimens, d'intérêts individuels entre les électeurs et le député, entre le député et les ministres. Tous se démoralisent à l'envi les uns des autres : le député rançonne le ministre, l'électeur rançonne le député, son esclave. Mais il a beau faire ; en vain ses mains ouvertes laissent toujours tomber ou faveurs ou promesses ; la possibilité d'accorder ne peut égaler la soif d'obtenir ; le dépit s'en mêle, la réaction s'ensuit : la corruption avait fait le député, la corruption le tue.

Avant d'exposer un système électoral nouveau, qu'il me soit permis de résumer rapidement ce que j'ai dit. Si je ne me trompe, j'ai prouvé que le peuple pouvait voter sans danger pour la société dans une grande révolution ; que de nos jours, quand la société se rassied, il n'était plus qu'un simple instrument ; que le vote universel n'augmentait en rien les forces de la démocratie ; que l'aristocratie n'existe plus en France ; qu'elle n'est que l'ombre d'un corps, ombre qui s'efface de jour en jour ; que nous sommes entre l'aristocratie qui s'en va et la démocratie qui arrive ; que cette dernière ignore encore le secret de l'organisation de ses forces ; qu'elle a la puissance qui fait conquérir et non la science qui féconde une conquête. J'ai prouvé que le système actuel mettait l'électeur aux prises avec son intérêt personnel, qui est toujours son premier mobile, et dénaturait ainsi son mandat ; j'ai prouvé que le système actuel dégradait l'électeur, dégradait le député, dégradait le ministre ; rendait l'élection un mensonge, la majorité parlementaire un mensonge, le gouvernement représentatif un mensonge. Voilà, certes, un immense sujet de réflexions et de réforme. Nous sommes au début du gouvernement représentatif, et si nous commençons par la démoralisation politique, où iront la France et la dynastie ? Celle-ci se perdrait, et après elle il faudrait établir quelque chose. Mais que pourrait-on établir de solide avec la démocratie actuelle et la démoralisation que la loi introduit parmi les censitaires ?

L'extension du cens ne me paraît pas le seul remède au mal qui nous mine. Elle n'aurait, dans certains cas, d'autre résultat que de forcer plus d'un candidat à faire dresser ses tables sur la place publique. Une combinaison nouvelle des élémens que nous avons et l'adjonction immédiate des capacités me paraît la réforme la plus convenable dans l'état actuel de la société. La réunion de tous les électeurs au chef-lieu du département est une idée qui se présente de suite, et ce système serait incontestablement meilleur que celui que nous avons. Voici cependant ses inconvéniens : Beaucoup d'électeurs à 200 fr. ne se rendraient pas ; les fonctionnaires publics, les riches propriétaires, les légitimistes, se rendraient jusqu'au dernier, et l'absence des électeurs qui représentent le plus la démocratie enlèverait à l'élection sa sincérité. Enfin, le corps électoral, réuni au chef-lieu, aurait beaucoup trop de députés à nommer.

Le système suivant me paraît avoir tous les avantages du système départemental sans en avoir les inconvéniens. Il consisterait à diviser la France en colléges électoraux de mille électeurs (1) au moins, sans égard à la circonscription des arrondissemens et des départemens (2). Je trouverais, au contraire, un grand avan-

(1) Ce corps électoral pourrait être facilement maintenu au complet par l'adjonction successive des plus imposés, au fur et mesure que les cotes de 200 fr. disparaîtraient.

(2) Il y a en France 2,700 cantons. Chaque canton fournit en moyenne 74 électeurs. — Chaque groupe de 15 cantons, 1,110 électeurs, sans comprendre les capacités. Chaque groupe de 15 cantons ne peut pas assurément contenir régulièrement 1,000 électeurs; mais lorsque ce nombre n'existerait pas, ce qui serait rare avec l'adjonction des capacités, on l'atteindrait facilement par l'appel sur les listes des plus imposés. Cela se pratique ainsi dans la loi actuelle pour les arrondissemens qui n'ont pas 150 électeurs à 200 fr. — La formation des listes est une chose de la plus haute importance, et qui exige une réforme impérieuse, car elle est une source d'accusations graves contre l'administration. D'après la loi actuelle, les maires du canton, réunis au chef-lieu du 1.er au 10 juin, procèdent à la première révision des listes. Du 1.er juillet au 15 août, le préfet inscrit d'office ceux qui ont acquis les droits électoraux, et radie ceux qui les ont perdus. Après le 15 août, les électeurs trouvent devant le préfet, *en conseil de préfecture*, des garanties qui pourraient être plus complètes. Enfin, en cas de décision qui viole leurs droits, ils ont le recours du pourvoi en cour royale. Ou l'administration influe sur la formation des listes, ou elle ne le fait pas. Dans le premier cas, il faudrait lui enlever un pouvoir dangereux et coupable; dans le second, elle ne devrait pas regretter l'embarras et la responsabilité dont on la déchargerait. L'exclure peut donc être quelquefois un bien, et jamais un mal. Le système suivant me paraît con-

tage à réunir des cantons d'arrondissemens et de départemens différens, pour détruire l'esprit mesquin de localité et l'unité administrative. Ce système donnerait au collége électoral des proportions convenables; il détruirait toutes les petites coteries d'intérêts particuliers, de relations d'affaires, d'amitié, de parenté, de clientèle ; il isolerait l'électeur de ses intérêts et de ses affections, et le rendrait à la pureté de son mandat, qui consiste à exprimer le principe et l'intérêt général. Ce système aurait pour résultat d'amener à la chambre des hommes considérables; car telle médiocrité que sa fortune et ses relations rendent importante dans deux ou trois cantons, s'efface et disparaît devant quinze ou vingt cantons réunis. Il donnerait de l'importance à l'élu. L'homme qui arriverait à la chambre environné de cinq cents votes, y serait plus honoré qu'en y entrant avec soixante-

venir pour la formation des listes : Les conseillers municipaux de chaque commune nommeraient deux de leurs collègues, qui remplaceraient les maires pour la première révision des listes, du 1.er au 10 juin. Ces listes seraient adressées aux juges du tribunal de première instance, qui rempliraient les fonctions que remplit le préfet du 1.er juillet au 15 août. Après le 15 août, toute demande d'inscription serait adressée au président du tribunal, qui n'aurait pas à statuer sur sa validité, mais la soumettrait à un jury composé de six jurés. Le corps des avocats, des notaires et des avoués fournirait un jury spécial très propre au jugement de ces sortes d'affaires. Toute attaque en radiation par un tiers, comme toute demande en inscription, serait jugée par ce jury, et toute partie conserverait le droit de se pourvoir en cassation. Ce système aurait, je crois, l'avantage de donner aux listes une grande pureté et de rapprocher les juges du justiciable. La distance seule du chef-lieu effraie beaucoup de réclamans; celle de la cour royale, presque tous.

douze suffrages. Enfin, le point central qui serait choisi pour l'élection, peu distant du domicile de l'électeur, l'encouragerait à aller remplir son devoir. Les colléges électoraux de cette nature ne désigneraient que deux mandataires, ce qui leur permettrait de faire des choix convenables, le nombre des candidats se trouvant toujours assez considérable, et le nombre des députés à nommer assez restreint.

Après avoir isolé l'électeur de ses intérêts, il faut l'isoler de l'administration. Il est juste de le faire, car le corps électoral ne doit recevoir d'impulsion que de lui-même. Le nombre des électeurs serait déjà un obstacle puissant contre les tentatives de l'administration ; mais un nouvel obstacle naîtrait pour elle dans la dislocation des arrondissemens et des départemens, dislocation qui détruirait l'unité administrative. L'administration serait ainsi réduite à son véritable rôle ; elle serait juge du combat et ne s'y mêlerait pas, ou s'y mêlerait avec peu de succès.

Ce système *moraliserait* l'électeur, en l'obligeant à n'avoir en vue, dans l'expression de son vote, que le principe et l'intérêt général ; il *moraliserait* le député, qui, libre de la chaîne dégradante qu'il porte, n'aurait plus qu'à remplir le mandat de vérité provenant des deux sources légitimes de l'élection ; il *moraliserait* le ministre ; car, n'ayant devant lui que des hommes sans clientèle à satisfaire, il obtiendrait sa majorité par l'exposition de ses principes et de ses vues sur les intérêts généraux. Ce système rendrait au ministre une liberté qu'il n'a pas dans l'exercice du pouvoir exécutif, le député recevant en échange de son appui l'omnipotence dans son arrondissement, et cette omnipotence, que le ministère aliène, s'exerce, on le sait, non au profit de l'état, non au profit de l'arrondissement, mais au profit du député.

S'il en était ainsi que je dis, un ministère s'honorerait de sa majorité, le député s'honorerait de ses électeurs, et les électeurs de leur député. La morale et la vérité du gouvernement représentatif s'infiltreraient de haut en bas et de bas en haut dans le corps politique; la France y trouverait la force que donne la probité, le progrès que donne le calme; et la dynastie, la sécurité que donne l'absence des causes de commotion. Ces trois résultats doivent marcher de front, et semblent solidaires; car si le *quid quid delirant reges* est encore applicable aux peuples, en France, il y a depuis quarante ans un revers de médaille. Le peuple à retourné l'axiome.

Telle est la réforme que je souhaite pour mon pays. Mon premier vœu est de voir fonctionner le corps électoral actuel, augmenté des capacités, en dehors des influences et des mobiles que j'ai signalés dans cet écrit. Dans les conditions que je pose, j'ai confiance en lui. Cette confiance, je la puise dans ma conscience, dans une froide raison, dans le tableau du présent et dans les enseignemens du passé. A coup sûr, je réserve à l'avenir l'intelligence de ses besoins et le soin d'y pourvoir. Je crois que lorsqu'un peuple touche à l'extinction de l'aristocratie et à la création d'un cens électoral, il marche pas à pas, et à son insu, vers le suffrage universel. La mobilité incessante de nos lois électorales me semble une preuve de ce que j'avance. Si cette législation est si mobile, c'est que le législateur cherche la solution d'un problême. Ce problême est aujourd'hui l'organisation des premières couches démocratiques de la société, et ce travail d'organisation durera de la première couche à la dernière. Aussi, un code électoral parfait devrait-il laisser une issue toujours ouverte pour les intérêts naissans, pour les capacités nouvelles. La loi absorberait ainsi à leur origine toutes les forces de la société. Retenues en dehors, elles agissent comme un torrent qui dévaste et emporte ; employées à propos, comme une irrigation qui féconde.

T. TAILLEFER, *d. m. p.*

Domme, 5 janvier 1839.